课堂上的中医药知识
拓展阅读丛书

丛书主编·李 淳 崔云鹤

小神农养成记 ①

XIAO SHENNONG YANGCHENGJI

主　　编·许莉莉
副 主 编·刘大胜

中医古籍出版社
Publishing House of Ancient Chinese Medical Books

图书在版编目（CIP）数据

小神农养成记．一／许莉莉主编．—北京：中医古籍出版社，2022.6

（“课堂上的中医药知识”拓展阅读丛书／李淳，崔云鹤主编）

ISBN 978-7-5152-2318-6

Ⅰ．①小…　Ⅱ．①许…　Ⅲ．①中国医药学—文化—小学—课外读物　Ⅳ．① G624.93

中国版本图书馆 CIP 数据核字（2021）第 154423 号

小神农养成记（一）

主　编　许莉莉

副主编　刘大胜

策划编辑　张　欢

责任编辑　李　炎

封面设计　王　磊

插画设计　司小夕

出版发行　中医古籍出版社

社　　址　北京市东城区东直门内南小街 16 号（100700）

电　　话　010-64089446（总编室）010-64002949（发行部）

网　　址　www.zhongyiguji.com.cn

印　　刷　北京市泰锐印刷有限责任公司

开　　本　787mm×1092mm　1/16

印　　张　5

字　　数　60 千字

版　　次　2022 年 6 月第 1 版　2022 年 6 月第 1 次印刷

书　　号　ISBN 978-7-5152-2318-6

定　　价　38.00 元

树仁爱为怀之心，立济世救人之志。《小神农养成记》传承国医，从娃娃抓起。

九九留叟　路志正

国医大师路志正为小读者题写寄语

人生如药，做药如做人。《小神农养成记》带领孩子们走进中药的世界，开蒙启智，明理润心。

金世元

国医大师金世元为小读者题写寄语

中医药学博大精深，故学医者必当多读书，重视学习各具特色的学术流派。孩子是祖国的希望与未来，要引导他们学习中医、应用中医，传承中医仁心仁术，弘扬中医博大文化。

余瀛鳌

国医大师余瀛鳌为小读者题写寄语

序言

中医药学是中华民族在生存、发展过程中与疾病作斗争的实践经验总结，其历经五千余载，博大精深，是世界唯一全面系统继承的传统医药学，是中国古代科学的瑰宝，也是打开中华文明宝库的钥匙。

随着中华民族的伟大复兴，实施文化强国与全民健康战略，中医药学迎来了天时、地利、人和这一前所未有的发展机遇期。特别是新冠肺炎疫情出现以来，中医药全面参与疫情防控救治，显示出其独特优势，成为抗击新冠肺炎疫情“中国方案”的一大特色。

中医药要发展，首先要重视传承，并要在传承的基础上创新。青少年是祖国的未来和希望，加强对青少年的传统文化教育，有利于中华优秀传统文化的思想观念和美德情操滋润青少年心灵、陶冶青少年心智、助力青少年成长。

北宋张载曾说：“为天地立心，为生民立命，为往圣继绝学，为万世开太平。”此应是当今吾辈的崇高信仰，也应是青少年从小就树立的理想和信念。“为天地立心”，“心”是宇宙时空的心，涵化为童心、仁心、天心。童心，返璞归真，回归本真之我；仁心，良知恻隐之心，仁德纯素体现人生真善美之心；天心，认知天地人神一体互动，宇宙寥廓幽玄，天人合德，物我合一，知行合一，道通为一，立“一”以贯之的宇宙观。“为生民立命”，“命”是生灵万物之根本，生命至上，医者以人为本，抗疫救灾疗伤治病，救民于水火，仁爱精神至尊至伟。“为往圣继绝学”，以历史范畴重始源，复兴国学回归象思维，传承精华，本固枝荣根深叶茂，净化强化创新的内驱力而嘉惠医林。“为万世开太平”，和而不同、生生不息、厚德载物，振兴中华，寻索中和大同之美、美美与共的理想境界。追求社会的和谐，动静有序守静颐安，弘扬中国大成智慧。

“少年智则国智，少年强则国强。”小学教育是起点的教育、基础的教育，也是全面影响一个人知识与能力、情感态度与价值观的教育，它决定着一个人成长发展的底色与底蕴。中医药是中华民族几千年生生不息、护佑健康的法宝，蕴含了深邃的哲学思想，体现了中国人修身养性的理念方法，是流淌于中国人血液里的文化基因。在数千年发展演变的历史中，中医药以其有效性、科学性、简便性、可操作性得到人民的认可。因此，将其作为中国文化宣传的载体，根植于青少年心中是实现文化自信、建设社会主义文化强国的重要举措。对广大儿童和青少年做好有效的中医药文化教育工作，是中医药文化得到认同，并得以创造性转化和创新性发展的关键所在。

本丛书以寓教于乐的形式向孩子们介绍了中医药知识和文化，使他们从小能够耳濡目染、接受熏陶。愿通过这套丛书的阅读，在孩子们的心灵上播撒下中医药启蒙的种子，提高他们的中医养生保健意识，养成良好的健康生活习惯，从小建立“信中医、爱中医、用中医”的思想理念，激发、唤醒他们的民族文化自觉自信，为中华民族的伟大复兴培养合格的接班人。

中央文史研究馆馆员

中国工程院院士　王永炎

中国中医科学院名誉院长

前言

中华文化源远流长、灿烂辉煌。在五千多年文明发展中孕育出的中华优秀传统文化，积淀着中华民族最深沉的精神追求，代表着中华民族独特的精神标识，是中华民族生生不息、发展壮大的丰厚滋养，是中国特色社会主义植根的文化沃土，是当代中国发展的突出优势，对延续和发展中华文明、促进人类文明进步，发挥着重要作用。

党的十八大以来，以习近平同志为核心的党中央高度重视弘扬中华优秀传统文化。2017 年 1 月 25 日，中共中央办公厅、国务院办公厅印发了《关于实施中华优秀传统文化传承发展工程的意见》(以下简称《意见》)。《意见》指出：“以幼儿、小学、中学教材为重点，构建中华文化课程和教材体系。编写中华文化幼儿读物，开展‘少年传承中华传统美德’系列教育活动，创作系列绘本、童谣、儿歌、动画等。修订中小学道德与法治、语文、历史等课程教材。”中医药学是中国古代科学的瑰宝，也是打开中华文明宝库的钥匙。《中共中央 国务院关于促进中医药传承创新发展的意见》明确指出，实施中医药文化传播行动，把中医药文化贯穿国民教育始终，在中小学进一步丰富中医药文化教育，使中医药成为群众促进健康的文化自觉。

围绕“立德树人”这一根本任务，遵循学生认知规律和教育教学规律，“‘课堂上的中医药知识’拓展阅读丛书”通过分析北京市小学生 1 至 6 年级各科课本，根据不同年级小学生理解能力及各年级学科分布情况设计编写，选择了 30 味课本中出现过的常用中药材，例如山楂、菊花、蒲公英等。本丛书共分为 3 册，每册书讲解 10 味生活中常见的中药材，分“创建我的百草园”“实习郎中养成记”“穿越时空认识你”3 个板块介绍中医药科学知识、中医药诊疗知识和中医药相关产品的制作，以及历代中医药学家的名人轶事，让同学们零距离感受中医药的魅力，着重培养同学们的日常观察能力，从生活中学习、认识中医药，培养对中医药的热情和兴趣。

本丛书为中国中医科学院科技创新工程重大攻关项目“中医文化学科”研究成果。中国中医科学院科技创新工程是面向国家需求、世界科学前沿以及科学院发展的重大工程，旨在通过项目推动将科学院打造成具有世界影响力的传统医药科研基地。“中医文化学科”作为科技创新工程重大攻关项目的试点学科，旨在以中医药传统知识保护工作为抓手，真正让中医文化学科成为中医药传承创新发展的源头活水，不断提升中医药的服务能力和水平，为健康中国和全人类健康服务。

本丛书的出版得到了数位中医界泰斗的大力支持，国医大师路志正、金世元、余瀛鳌亲笔为丛书题写寄语，中国工程院院士王永炎亲自为丛书作序，体现了老一辈中医人对广大青少年寄予厚望，企盼岐黄之术薪火相传，期待他们能利用好中医药学这把打开中华文明宝库的钥匙，在日常学习和生活中积极践行“健康中国”理念，从小形成促进国民健康的文化自觉。

本系列丛书在编写过程中进行了深入的研究和探讨，虽几经修改，仍不免有疏漏和不足之处，恳请各位老师、同学、家长指正，以便再版时修订提高。

丛书编委会

2021年9月

目录

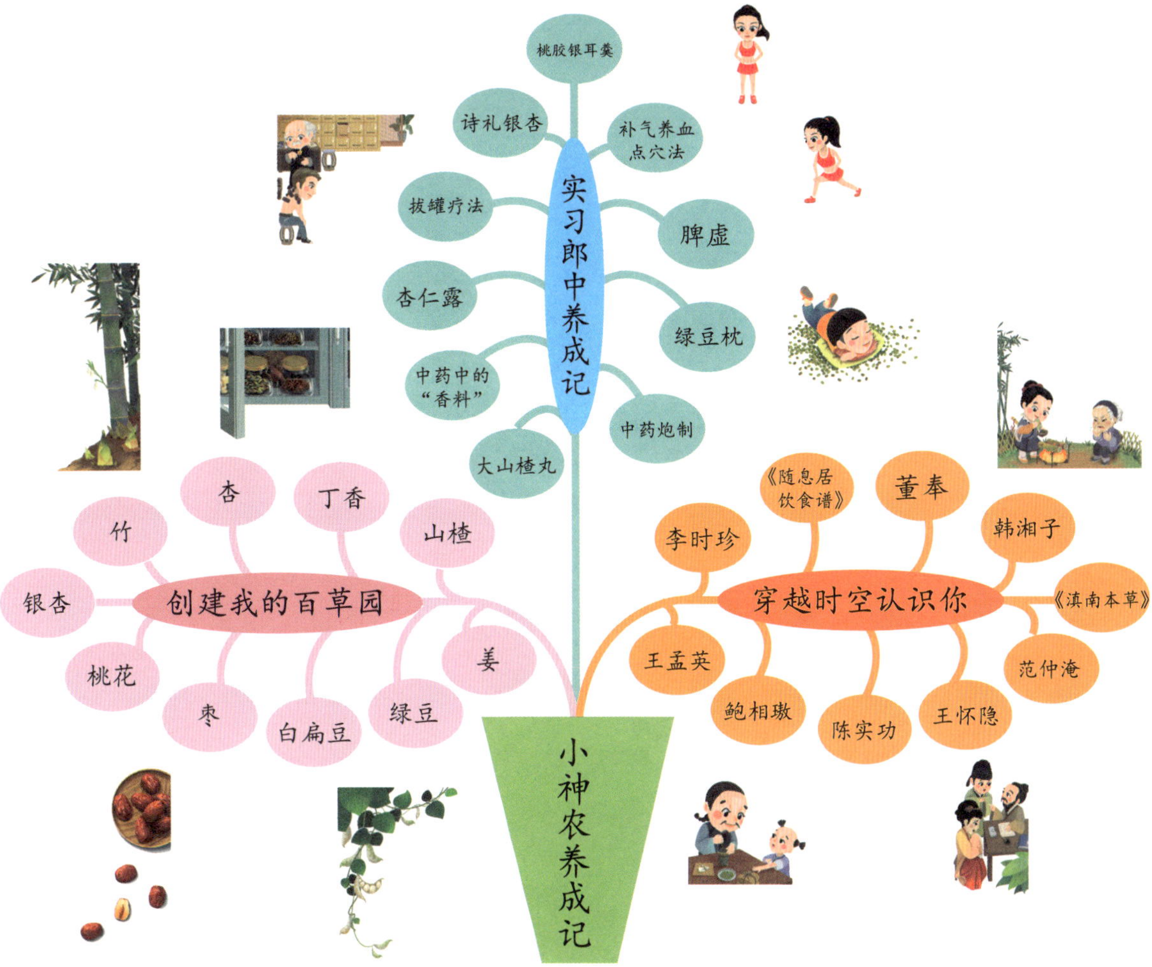
小神农养成记
实习郎中养成记
桃胶银耳羹
诗礼银杏
补气养血点穴法
拔罐疗法
脾虚
杏仁露
绿豆枕
中药中的“香料”
中药炮制
大山楂丸
创建我的百草园
竹
杏
丁香
山楂
银杏
桃花
枣
白扁豆
绿豆
姜
穿越时空认识你
李时珍
《随息居饮食谱》
董奉
韩湘子
《滇南本草》
王孟英
鲍相璈
陈实功
王怀隐
范仲淹

山楂

创建我的百草园

“都说冰糖葫芦儿酸，酸里面它裹着甜。都说冰糖葫芦儿甜，可甜里面它透着酸。”晶莹剔透的糖衣包裹着鲜艳的红色果实，引得人口水都要流出来了。冰糖葫芦的“真身”，就是今天的主角——山楂。

山楂树个头不高却枝繁叶茂，开花时一片皎洁似雪如玉，清香扑鼻；结果时宛如一个个小灯笼挂满枝头，散发着酸甜气息，引得人食指大动。同学们秋日出游之际，不妨留心观察山林之间，没准也能捕捉到这些红色的小精灵。

同学们可别小看了山楂，它虽然普通常见，却是助消化的能手。饭后如果感到腹胀难受、不消化，嚼食几颗山楂就能收到很好的效果。但要注意，一次吃3~5颗即可，千万不要因为山楂味道好就贪食，吃完还要记得漱口刷牙，以免损伤牙齿。

有模有样

留下你采集的药物标本或者画出你心中的药物模样。

实习郎中养成记

每当我们胃口不好、消化不良、肚子胀闷的时候，大人们就会将健胃消食片、大山楂丸、保和丸等中成药请出来，而这些药的主要成分就有山楂！今天，我们就自己动手来制作开胃消食的“大山楂丸”吧。

准备焦山楂100克，焦麦芽15克，焦神曲15克，炒白术10克，蜂蜜200克。

焦山楂少了生山楂的酸涩，擅长消肉食积滞，对胃肠道刺激性更小；焦麦芽擅长消米面食积；焦神曲擅长消酒肉积滞，同时能健脾和胃，这三味药合起来就是中药里著名的消食化滞的“焦三仙”；炒白术能补中益气、健脾和胃，这四味相配，可以达到健脾胃、助消化、除油腻的效果。

科学探究

山楂的pH值是多少？
让我们尝试着测一下吧！

1. 四味药材洗净晾干，研成粉，过细筛，混合均匀。
2. 小火熬炼蜂蜜至锅中出现均匀的细密气泡，趁热倒入药粉中，并匀速搅拌成蜜粉团，注意要充分混合，不要夹杂干粉。
3. 将蜜粉团分成小份，揉成适当大小的小丸子，一般每丸6~9克（揉的时候可以在手上抹些无色无味的食用油，如橄榄油，以免粘手）。

做好的山楂丸可以每天食用1~2颗，但胃酸较多者或3岁以下幼儿要谨慎食用。

所思所想

小郎中，写下你在制作过程中的有趣故事吧。

穿越时空认识你

李时珍，明代伟大的医学家、药物学家、博物学家，他历时27载撰写的《本草纲目》享誉世界，被称为“古代中国的百科全书”。漫山遍野的花果草木，生活中的美物趣事，都给李时珍带来灵感和启发。

李时珍的邻居因晚年得子，十分宠爱，经常给孩子吃大鱼大肉，渐渐地孩子面色发黄，肚子胀得像皮鼓，整天无精打采。虽多次请大夫诊治，但用过几次药后都效果不明显，身为名医的李时珍也感到棘手。有一天，李时珍路过邻居门口，发现孩子面色红润，精神焕发，颇感意外。询问后得知孩子前几日路过一片野果林，见果实色泽鲜艳，颇为好看，一尝甜中带酸，贪嘴便多吃了几个，不料刚到家就吐出一大摊痰水，之后气色竟渐渐好了。说完，孩子大方地与李时珍分享了这些“神奇野果”。李时珍定睛一看，这不就是随处可见的山楂果嘛！回家之后便把这件事收录在了《本草纲目》中。

山楂丸是怎样制作出来的

李时珍的著作《本草纲目》被称为什么

丁香

创建我的百草园

春天的公园和路边，丁香花随处可见。细长的花蕾探出嫩蕊，深紫、浅紫、淡白，一簇簇地紧挨在一起绽放，微风拂过，散发出阵阵幽香。

不过，今天我们要认识的丁香与丁香花可不是一回事儿。桃金娘科植物丁香的花蕾由绿转红的时候，将它摘下晒干，才是我们要介绍的中药——丁香。丁香因形状像钉子，且有强烈的香味而得名。丁香性质温热，对由受寒引起的腹痛、恶心呕吐、打嗝不止等有很好的效果，生活中人们常用它来做菜、制茶、焚香、祛口臭等，用途可不少呢。

有模有样

留下你采集的药物标本或者画出你心中的药物模样。

实习郎中养成记

提到中药，同学们第一时间想到的就是“苦”“难喝”，其实不然。美味的烤肉、火锅、卤味等，统统离不开中药的身影。今天就带大家走进厨房，认识几味“灶台边的中药”。

1.八角，又叫“大茴香”，能健胃理气助消化，祛寒除湿止痛。它是五香粉中的主要成员，更是烹调卤味的重要香料，可以用来炖肉、卤豆干等。

2.茴香子，又叫“小茴香”，有行气止痛、强健脾胃、温中散寒的作用，常用于制作红烧菜肴、麻辣火锅或卤制花生、豆制品等。

3.桂皮，又叫“肉桂”，是桂树的树皮。它的油性大，香味浓烈，能温中补肾、散寒止痛。肉桂在亚洲国家的麻辣火锅和卤肉、卤菜中运用普遍，欧美国家常用它来烤制面包、点心，腌制肉类食品。桂树全身都是宝，桂树的细枝叫“桂枝”，叶子叫“香叶”，它们都既是调料又是中药。

此外，生姜、大葱、花椒……这些常见的食材，都是中药家族的成员。同学们，还有哪些食材既是香料又是中药，让我们餐桌上的饭菜变得既美味又健康呢？大家快走进厨房找一找吧。

所思所想

小郎中，通过学习新知识，你得到了什么启发？

穿越时空认识你

丁香在古代有一个时髦的身份——口香糖，它可是缓解口臭的灵丹妙药，《随息居饮食谱》中就记载丁香“古人噙之奏事，治口臭也”。

相传唐代诗人宋之问长得又帅，又有才华，可不知何故皇帝总是对他避而远之，令他很是沮丧。后来从别人处得知，原来皇帝讨厌他口臭的毛病，宋之问听闻，羞愧难当。此后，就见他上朝时嘴里常含一颗丁香清新口气，“口衔丁香”也逐渐演变成在朝为官的代称，文人雅士间也常以丁香相赠。

《随息居饮食谱》是清代著名温病学家王士雄（字孟英）晚年回乡隐居时所写，书中提倡节制饮食、科学饮食，强调食疗养生，所载的369种各色饮食都是王孟英自己吃过、用过之后记录下来的，除了具有食用价值外，也有不容忽视的治病作用。王孟英十分推崇用食物代替药物，他认为，食物随处可得、人人都能吃到，久服也不会对人体有害，如他在书中称梨汁为“天然甘露饮”，称西瓜汁为“天然白虎汤”。

丁香有哪些功效？

你知道哪些与丁香相关的诗词？

杏

创建我的百草园

“满园春色关不住，一枝红杏出墙来。”杏花是盛放在春日的一抹浅红。杏花谢后，沉甸甸的杏子挂满枝头，黄澄澄的令人垂涎欲滴。可民间有句谚语“桃饱人，杏伤人，李子树下埋死人”，南北朝时的名医陶弘景也说“杏有小毒，生食多，伤筋骨”。所以，杏子虽肥厚多汁、甜酸可口，但切不可贪食多吃。

虽然杏花明媚，杏子美味，但中医关注的却是杏仁与它的药用价值。成熟的杏子去掉果皮、果肉，敲开果核取出种子晾干后便有了杏仁。杏仁具有祛痰、止咳、平喘、润肠、通便的功效，对于咳嗽、气喘、便秘都有很好的治疗效果。但杏仁有南北之分，南杏仁甘甜无毒，又称“甜杏仁”，多为食用；北杏仁则微微发苦，有小毒，因此得名“苦杏仁”，多为药用。

有模有样

留下你采集的药物标本或者画出你心中的药物模样。

实习郎中养成记

《红楼梦》第五十四回曾说道，晚上贾母忽觉腹中饥饿，王熙凤赶紧命人送上了早已预备下的几样滋补消夜，结果没有一样合老太太心意，最后会养生的贾母点了杏仁露。其实杏仁露这道甜品的做法并不难，今天，就教同学们用甜杏仁做一杯香气浓郁、绵软爽滑又滋阴润肺的杏仁露。

准备去皮的甜杏仁（干品）100 克，糯米 50 克，冰糖 2~3 粒。

1 将杏仁、糯米洗净，放入清水中浸泡 2 小时。

2 将泡好的杏仁、糯米放入豆浆机、破壁机或料理机中，加入 1000 毫升清水和少量冰糖一同搅打。

3 将打好的杏仁露过滤后倒入锅中，小火煮 5~10 分钟盛出，可按个人口味加入西米、果仁等。

注意：杏仁露和糕点中用到的都是甜杏仁，而苦杏仁一般作为药用，有严格的剂量限制，生食或者过量服用会出现心慌、眩晕、恶心、呕吐等中毒反应。

所思所想

小郎中，写下你在制作过程中的有趣故事吧。

穿越时空认识你

东汉有位名医叫董奉，常年隐居于庐山。他医德高尚，医术高超，为老百姓治病从不收钱，唯独有个特殊的规定：凡是得重病的人被治愈后，要在山中种五棵杏树，得轻病的人则只需种一棵杏树。随着被董奉治愈的人越来越多，董奉房前屋后的杏树也日益繁茂，经年累月，成了郁郁葱葱的杏林。

董奉在杏林里建了一个谷仓，杏子成熟后，想买杏子的人不用交钱，只需向谷仓中倒入一定量的谷米，就可以拿走同等重量的杏子，这些用杏子换来的粮食，董奉又用来救济贫苦的老百姓和断了旅资的过路人。

董奉去世后，后世医生仍旧效仿他：诊病、栽杏、换粮、济贫，成就了一段又一段杏林佳话。“杏林春暖”“誉满杏林”“杏林妙手”等成语都被用来称颂医生医术高明和医德高尚，“杏林”成为中医的代名词，杏花也被誉为“中医之花”。

过量服用杏仁会有什么危害？

为什么“杏林”会成为中医的代名词？

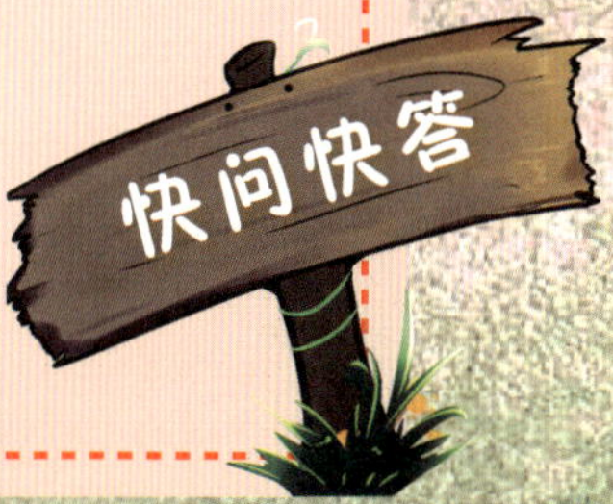

竹

创建我的百草园

竹作为“梅、兰、竹、菊”四君子之一，在古代文人心中代表着清雅脱俗、自强不息的品格，而在中医眼里，竹子全身都是宝，处处可入药。

早在成书于春秋战国时期的《神农本草经》中就有关于竹子不同部位药用价值的记载：竹笋是竹子的嫩芽，可以清热化痰；竹笋外一层层呈片状的壳，叫作淡竹壳，可以治疗白内障；竹子的新鲜叶片，有通利小便的功效。除此之外，通过加工竹子还可以制成多种中药材，比如清热化痰、除烦止呕的竹沥、竹茹等，都是中医手中治病救人的良药。

有模有样

留下你采集的药物标本或者画出你心中的药物模样。

实习郎中养成记

2016年里约奥运会上，美国游泳名将“飞鱼”菲尔普斯右肩处一个个奇怪的紫色圆形印记引起了全世界媒体的关注。这是什么炫酷的文身？好奇的媒体称其为“神秘的东方印记”，认为它们有效地帮助菲尔普斯的身体缓解伤痛、放松肌肉。许多外国朋友都“跃跃欲试”，中医拔罐进入全世界的眼中。

拔罐法古称“角法”“吸筒法”，最早使用兽角作为工具，逐步发展为竹罐、玻璃罐、陶瓷罐等。它利用燃烧、抽气等方法，使罐内产生负压，吸附于皮肤上，使局部瘀血或出血，以达到畅通气血、预防或治疗疾病的目的。竹罐法亦称“药罐法”，是一种将中药与拔罐法相结合的治疗方法。先将竹罐放入中药汤煮沸，再趁热拔在患处。通过药力、热力和竹罐的吸力共同作用于患处，可以收到非常好的治疗效果。

除了拔罐法，中医外治法还有针灸法、刮痧法、贴敷法等，同学们见过或者尝试过吗？现在有越来越多的外国朋友为神奇有效的中医药点赞，你有什么感想呢？

所思所想

小郎中，通过学习新知识，你得到了什么启发？

穿越时空认识你

“沥”，就是液体一滴滴地落下，“鲜竹沥”就是从新鲜竹子中提取的汁液。关于鲜竹沥的来历，民间流传着这样一个传说：

很久以前，在天目山下住着一对夫妇，他们乐善好施，做了很多好事。年岁日渐大了，他们在山下过着幸福宁静的日子。

有一天，老妇人突然得了急症，咳嗽、气闷、痰多，坐卧不宁。恰巧八仙之一的韩湘子路过此地，决定为她解除病痛，于是化身为一名郎中，来到老妇人家。只见他将一根青竹放入灶膛内烘烤，不一会儿工夫，青竹滴出汁液来。韩湘子接了大半碗青竹汁液，让老妇人服下，老妇人喝下不久，病就好了。

由于韩湘子是就地取材用新鲜竹子制成的，于是取名为“鲜竹沥”，现在鲜竹沥已成为祛痰止咳的常见中成药。

除了药罐法，中医还有哪些外治法？

“鲜竹沥”是缓解什么症状的常用药？

银杏

创建我的百草园

在城市的景观树中，银杏大概是最好辨认的一种：树干又高又直，树叶像一把小扇子，春夏翠绿，深秋金黄。银杏是植物界的“活化石”，几亿年前，它们曾是恐龙的好邻居，时至今日恐龙早已灭绝，银杏却一直存活下来。银杏树长得很慢，若同学们现在种下一棵银杏，要等到你白发苍苍的时候，才能吃到银杏果，因此银杏树又得名“公孙树”。

除了观赏之用，银杏还有强大的药用功效。中医认为，银杏叶具有活血化瘀、通络止痛、止咳平喘的功效，现代医学则从银杏叶中提取出活性成分，用于治疗高血压、心绞痛，预防脑出血。银杏的果实白果，甜中带有一点儿苦，可以做成果干、点心、菜肴，加工成中药后则具有润肺、止咳、平喘的功效。

白果味虽美，却有小毒。白果不能生吃，一定要经炒制或煮熟以减轻其毒性，而且每天食用不能超过 20 粒，否则会有中毒的风险，同学们食用时一定要注意。

有模有样

留下你采集的药物标本或者画出你心中的药物模样。

实习郎中养成记

同学们都知道孔子，可是你们知道孔子与银杏之间还有一段小故事吗？相传孔子家门前有两株银杏树，每到金秋，累累硕果挂满枝头，厨师便会采摘新鲜的白果做菜，深得孔子喜爱。据《孔府档案》记载，孔子曾以“不学诗，无以言；不学礼，无以立”来教导自己的儿子学诗习礼，后人便称孔家为“诗礼世家”，并建造“诗礼堂”以表敬意，这道用白果做成的菜也被命名为“诗礼银杏”，其可以治气喘、补脾益气、健脾和胃，还有解酒、止咳的功效，是孔府宴中的必备菜肴。

准备白果，蜂蜜，白糖，桂花酱，猪油。

1 白果洗净放入锅中，加水，小火煮 30 分钟，取出白果，沥干水分。

2 锅中放猪油，炒热，再加入适量白糖翻炒，待炒至红色时，将白果、蜂蜜和桂花酱一并倒入。

3 加入清水，先用大火煮沸，再用小火焖煮至浓稠。

4 最后淋上少许猪油，起锅装盘。

一道美味的孔府宴名菜就做成了。

所思所想

小郎中，写下你在制作过程中的有趣故事吧。

穿越时空认识你

银杏在我国的栽培历史悠久，但白果用作中药却不过短短数百年，白果除了最常用的药用功效之外，还有一些特殊的用法。比如《滇南本草》中就记载，用白果肉同糯米蒸成合蜜丸可以治疗眩疮；与核桃一起捣烂成膏状服用，可以治疗噎食反胃；将其捣烂敷在太阳穴处，可以治疗头、眼部不适。

我国各地风土人情不同，草木种类有异，许多药材并非在全国都有生长，因此历代诞生了许多专注于研究某个地区本地药材的著作，《滇南本草》就是其中著名的一本。“滇南”是云南省在古代的别称，《滇南本草》讲的就是云南当地的各种天然药材，是我国现存最早的地方性本草专著，比《本草纲目》还要早140多年。

银杏为什么被称作植物界的“活化石”

找找你的家乡有哪些独特药材

桃花

创建我的百草园

嫩绿的桃叶托着粉红色的花瓣，中间嵌着小巧玲珑的黄色花蕊，十分好看。《诗经》中曾用“桃之夭夭，灼灼其华”描绘桃花盛放的样子，陶渊明在《桃花源记》中则用“世外桃源”来借指脱离现实社会纷争的美好世界。

桃花不仅好看，还有非常高的药用价值。我国最早的药学专著《神农本草经》中便有桃花“令人好颜色”的记载，《备急千金要方》中亦记载有“桃花三株，空腹饮用，细腰身”。现代人普遍认为桃花具有通便、消肿等功效，可用于解决水肿、便秘及皮肤干燥等问题。

有模有样

留下你采集的药物标本或者画出你心中的药物模样。

实习郎中养成记

同学们，还记得小时候每次流眼泪，妈妈都会说："不要哭，小珍珠不可以乱掉哦。"小朋友有珍珠一般珍贵的眼泪，桃花也有。它的学名叫桃胶，又叫桃花泪。实际上，桃花泪是桃树的树皮分泌出来的呈红褐色或黄褐色的胶状物质。

近几年，用桃胶制作的各式饮品广受爱美女士们的青睐，据说有美容养颜的功效。下面教同学们做一款美味又美丽的"桃胶银耳羹"，回家做给妈妈吃，妈妈一定会觉得很幸福！

准备桃胶5克，老冰糖80克，干银耳15克，红枣5颗，枸杞适量。

1 干银耳用冷水泡发，清洗干净，撕成小块放入锅中。

2 桃胶提前一天用冷水泡发，清洗干净，和敲碎的老冰糖、红枣一起放入锅中。

3 加入1000毫升水炖2小时，出锅前加入枸杞即可享用美味。

所思所想

小郎中，写下你在制作过程中的有趣故事吧。

穿越时空认识你

相传北宋年间，范仲淹的孙女结婚数载后，丈夫便离开了人世。她悲痛欲绝，甚至到了疯癫的地步，多处寻医问诊都没有效果。因为病情无法控制，家人只好把她关在屋子里。一天晚上，她跳出窗户，一个人跑到了郊外的桃花林中。正值桃花盛开，疯癫的她竟然大把大把地吃起桃花来，第二天清晨，家人才找到她。回家之后，她狂泻数日，没过多久，久治不愈的癫疾竟然好了。李时珍听闻之后，认为病人的癫狂是因为过度悲伤所致，而桃花恰好具有畅达情志的功效，所以女子误食桃花后，情志得以恢复，病也就好了，于是将这个故事记载于《本草纲目》中。

同学们，美丽的桃花运用得当就是治病救人的灵丹妙药，但是，没有医生的指导自己可千万不要随意尝试哦！

久病的女子因误食什么得以痊愈？

你还知道李时珍的哪些故事？

枣

创建我的百草园

“八月剥枣，十月获稻。为此春酒，以介眉寿。”（《诗经》）描绘了一幅充满幸福生活气息的画卷——人们在结束了一年的辛勤劳动后迎来丰收，采下八月的大枣和十月的水稻，将它们酿成甜酒，等待来年开春饮下，以延年益寿。

《神农本草经》中将大枣列为上品，在中医看来，大枣性温，味甘，色赤肉润，具有补脾和胃、益气生津的功效。医圣张仲景所著《伤寒论》收录的113方中，有63方使用了大枣。现代研究亦表明，大枣含有丰富的蛋白质、维生素A、维生素B_2、维生素C、胡萝卜素及多种矿物质，被人们亲切地称为“天然的维生素丸”。

小小的食材，大大的学问。药食同源，古人们洞悉了自然的神奇妙力，将它们融入生活中成为不可分割的一部分。

有模有样

留下你采集的药物标本或者画出你心中的药物模样。

实习郎中养成记

人们常说大枣养气补血的功能非同一般，那么什么是气血不足呢？其实，在中医理论里，气血不足是合并气虚和血虚的一种表现。

气虚的人通常表现为怕冷，出虚汗，气短乏力，精神不振。血虚的人通常表现为面色萎黄、毛发干枯、失眠多梦等。如果一个人同时出现神疲乏力、气短懒言、面色淡白或萎黄、头晕目眩、心悸失眠等症状，便是气血不足的表现。

今天教同学们认识人体的两个穴位，对于治疗气血不足有很好的效果，学会之后，亲手给辛苦工作了一天的爸爸妈妈按摩一下吧！

气海穴：顾名思义，具有补元气的功效。气海穴位于下腹部，人体前正中线上，肚脐中下1.5寸。针灸或者艾灸气海穴，能推动气的运行，防止经气不通。

血海穴：用掌心盖住膝盖（右掌按左膝，左掌按右膝），五指朝下，手掌自然张开，大拇指下方便是血海穴。每天坚持按揉血海穴，使其产生微微的酸胀感，有利于运化血液。

所思所想

小郎中，通过学习新知识，你得到了什么启发？

穿越时空认识你

宋代京城名医王怀隐曾接诊一名妇人，妇人的丈夫向王怀隐恳求说："王先生，我娘子近来不知何故，常常发怒，哭笑无常，整日心神不宁，有时甚至还伤人毁物。今请先生施恩，为她除病祛邪！"王怀隐号脉之后，又问了一下病情，便捋着胡子说道："不必惊恐。"说完开了一剂仅由甘草、大麦、大枣三味药组成的药方。五日之后，妇人竟痊愈了。这个药方，正是医圣张仲景在《金匮要略》中记载的"甘麦大枣汤"。穿越千年，它至今依然被广泛地应用于临床，治疗因思虑过度、肝气郁结所致的精神与心理方面的疾病。甘草、大麦、大枣皆是生活中常见的食材，组合起来运用却有如此奇效，不得不感慨中医之神奇！

你吃过哪些由大枣制作的佳肴？

我们身边还有哪些药食同源的食物？

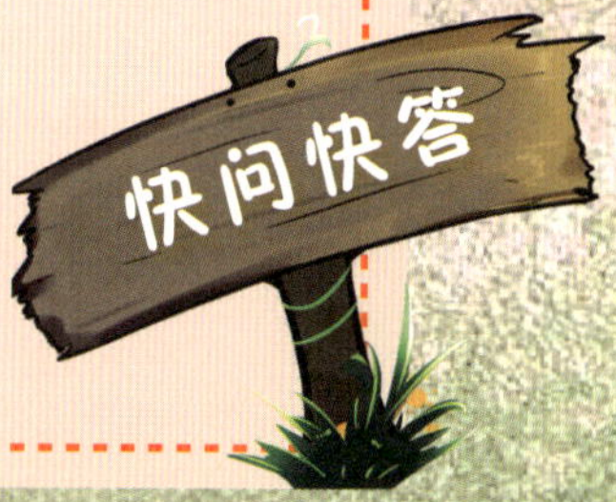

白扁豆

创建我的百草园

同学们见过扁豆吗？翠绿的藤蔓爬上墙根、绕上矮篱，秋天开出或紫或白的小花，花落结成豆荚，仿佛一弯绿色的新月。拆开豆荚，就能看到一粒粒扁扁的豆子，这也许就是“扁豆”名字的由来吧。根据颜色不同，人们又把白花、白种的叫作白扁豆。

白扁豆全身都是宝，种子、花朵、叶片，都可以作为药材。白扁豆具有健脾和胃、清暑化湿的功效，用于治疗脾胃虚弱、腹泻呕吐等症状，但是单独使用白扁豆通常治疗效果不明显，必须与其他补气药合用，才能收到更好的疗效。夏天人们容易脾胃不和，出现呕吐泄泻，将白扁豆与荷叶、滑石这类清暑药物搭配使用，是最合适不过的。

有模有样

留下你采集的药物标本或者画出你心中的药物模样。

实习郎中养成记

从百草园中我们了解到，白扁豆具有健脾化湿的功效，可以治疗脾虚，那什么是脾虚呢？今天就让我们一起来学习一下如何辨别“脾虚”吧！

1. 看饮食：脾虚最常见的表现是纳呆、腹胀。纳呆就是不想吃饭，吃不多也吃不香；腹胀则是不吃不胀，吃饱后才觉得肚子胀。中医认为脾胃主管人的饮食消化，脾胃出了毛病，吃饭就会受到影响，导致营养吸收不良，脸色发黄、泛白。

2. 看大便：脾虚除了吃不好，排得也不好，经常出现腹泻、便溏。腹泻就是拉肚子，便溏是指大便不成形、粘马桶。中医认为，脾负责掌控人体内的水液运化，体内水分多了，大便自然也就难以成形了。

3.看身体状态：脾胃负责运化水谷，人吃的饭、喝的水，都由脾胃负责消化吸收里面的精华，转变为气血，所以中医说脾胃是“气血生化之源”。脾还主管肌肉和四肢，脾虚时气血不足，营养跟不上，就会出现身体沉重、四肢无力，学习、做事打不起精神，严重时甚至连说话的力气都没有。

4.看舌象：刷牙时看看镜子里的自己，如果发现舌头胖胖的、边缘有不整齐的痕迹，表面还有一层白色的舌苔，就提醒你可能脾虚啦。

所思所想

小郎中，通过学习新知识，你得到了什么启发？

穿越时空认识你

中医治病可不是只有苦苦的汤药，在外科方面也是独树一帜。明代医学家陈实功，在四百多年前就开展过外科手术，发明了许多医疗器械，他治疗痔疮采用的“挂线法”，至今仍在广泛运用。陈实功认为，外科病的根源一定出在体内，治疗时要“内外并重”，尤其应注重脾胃气血的保养。他在《外科正宗》中记载了一种能补中益气、健脾养胃的糕点——八珍糕。八珍糕原名八仙糕，专治脾胃虚弱、消化不良、脾虚便溏、面黄肌瘦等。

八仙糕不仅是药方，更是非常适合日常食用的食疗方。最早的八仙糕是将人参、山药、茯苓、芡实、莲子肉5种中药打成粉末，再混入粳米粉和糯米粉，加入白糖和白蜜，上锅蒸熟食用。陈实功在书中说，脾胃虚弱的人服用八仙糕3个月后，就会感到身体轻快、元气大增。清朝的御医在将八仙糕献给乾隆皇帝时，又增加了白扁豆、白术、薏苡仁3味健脾除湿的药，就成了今天的八珍糕。八珍糕香甜可口，有药效却没有药味，经常食用不但可以增进食欲，还可以提高身体免疫力。

通过哪些方法可以辨别脾虚？

吃八珍糕有哪些好处？

快问快答

绿 豆

创建我的百草园

“啪啪啪”，暴晒在烈日下的豆荚受不了盛夏的高温，纷纷裂开了，几枚圆滚滚、绿莹莹的小豆子掉落到了地上。傍晚时分，提着小篮子的孩童们在田间打打闹闹，顺道捡了这一粒粒可爱的小豆子回家，孩子们清朗的笑声回荡在繁茂的田野之间。

绿豆营养丰富，可做豆粥、豆饭，或发豆芽做菜，素有“食中佳品、济世长谷”的美称。中医认为，绿豆性凉味甘，有清热解毒、止渴消暑、祛痘除斑的功效。绿豆成熟之季正值炎夏，我们不禁感叹大自然的造物神奇，在一年最热的季节恰为辛劳耕作的人们准备了可以清热解暑的绿豆。

有模有样

留下你采集的药物标本或者画出你心中的药物模样。

实习郎中养成记

酷暑炎炎，常听到身边有人说“中暑”了。那什么是中暑呢？中暑是指处于高温环境中太久后，出现了发热口渴、头晕乏力、恶心呕吐、胸闷、烦躁不安等症状。除了积极使用药物治疗中暑外，中医还有什么神奇的预防中暑的小妙招吗？

据《本草纲目》记载，绿豆能“厚肠胃，做枕，明目，治头风头痛”。用绿豆做枕头对于缓解暑热烦躁、头痛目赤等具有良好的效果，让我们自己动手做一个吧！

准备绿豆、布、针线、水。

科学探究

绿豆能解毒是因为它含有什么物质？

1 将绿豆在水中浸泡3~4小时后，加热煮至绿豆皮浮起，将浮起的绿豆皮捞出清洗干净，放到阳光下晒干。

2 准备好一块布，长50厘米，宽60厘米。将布折叠，再用针线将三边缝合，到最后留一个小口。

3 把晒好的绿豆皮放入布袋中，再加些明目的菊花或决明子，最后把小口缝好。

一个带着淡淡清香的消暑绿豆枕就做好啦！

所思所想

小郎中，写下你在制作过程中的有趣故事吧。

穿越时空认识你

同学们，还记得小时候的夏天爸爸妈妈会为我们擦痱子粉，以防我们娇嫩的皮肤上长出令人作痒的痱子吗？那古时候的小朋友没有痱子粉该怎么办呢？

鲍相璈是一位清代的医家，少年时代看到一些郎中有很好用的秘方却不肯传人，从此立愿广求良方，惠济世人。经过鲍相璈二十余年的辛苦收录，总共收集到6000余条秘方，汇编成《验方新编》，供世人使用。其中就有一则治痱子痒痛的经验方——“滑石五钱，绿豆四两，研成粉，微炒，和匀，以棉扑之”，将适量的滑石和绿豆磨成粉，轻轻炒一下，搅拌均匀后就可以用“棉扑”涂抹到身上了。是不是连用法都跟现代的痱子粉十分相似？

原来古代的小朋友，也能够清爽地度过夏天呢。

回忆下自己都吃过哪些由绿豆制作的美食?

你知道古人还有哪些解暑妙招吗?

快问快答

姜

创建我的百草园

俗话说“家有小姜，小病不慌”“朝含三片姜，不用开药方”。入口辣辣的，还有股冲鼻子味道的生姜，凭什么成为厨房中的必备食材、药房里的明星药材呢？让我们一起来揭开生姜的神秘面纱吧。

相传孔子有“不撤姜食”的习惯，坚持吃姜几十年。生姜能助阳，“早晨吃姜赛人参，晚上吃姜赛砒霜”，早晨或上午食姜最好，过午不食姜，否则可能会扰动到人体的阳气影响睡眠。

有模有样

留下你采集的药物标本或者画出你心中的药物模样。

实习郎中养成记

同学们，平常有没有看到爸爸妈妈炒菜放姜，爷爷奶奶用醋泡姜？其实，同样一块姜，通过不同的炮制方式却可以有很多不一样的作用，今天我们就一起来看看生姜的变身记吧！

姜皮：生姜除去须根及杂质，洗净后刮取皮层、晒干，便成了姜皮。生姜是辛温之药，姜皮却性属辛凉，与生姜的功能并不相同。姜皮可以中和其他药物的燥热之性，还可以消除肿胀等身体不适。

姜汁：生姜去皮后榨汁，就是吃海鲜时常见的姜汁。姜汁可以解鱼蟹毒，还可以治疗胃部因寒凉不适引起的呕吐，具有很好的止呕作用。

干姜：俗话说“姜还是老的辣”，老姜说的就是晒干后的生姜，经常用来煲汤。脘腹冷痛、呕吐泄泻的时候喝上一碗热热的老姜汤，会有很好的缓解效果。此外，在爷

爷奶奶泡脚时放入几块干姜，你会惊奇地发现，爷爷奶奶多年的老寒腿也会有所好转哦！

姜炭：又名炮姜，是干姜经过炭炒炮制后得到的，《本草经疏》中记载姜炭具有很好的止血功效。

看到生姜多种多样的变身后，同学们是不是明白了为什么在大人们眼里生姜是一块宝呢？快快把今天学习的知识运用到生活中，成为家人的得力小帮手吧！

所思所想

小郎中，通过学习新知识，你得到了什么启发？

穿越时空认识你

东汉著名医学家张仲景，被世人尊称为“医圣”，他著有《伤寒杂病论》，被誉为“方书之祖”，是中医四大经典之一，后人又将其分编为《伤寒论》和《金匮要略》两部。

《金匮要略》中记载了一道著名的药膳——当归生姜羊肉汤，具有温中补虚、祛寒止痛的功效。清代著名医家王孟英就曾用当归生姜羊肉汤治愈过一位生完宝宝后身体虚弱、腹泻不止的妇人。这位妇人腹泻严重时每日多达十次，甚至带有血丝。王孟英让其服用当归生姜羊肉汤，服用了两次后，妇人腹泻的次数明显减少，王孟英又加了其他一些温补的药物，这位妇人不久便痊愈了。王孟英认为，这位妇人是因产后虚劳所致，而当归生姜羊肉汤正是补养精血的良方，药与症对应，便立收药到病除之效。

姜有哪些“变身”？

张仲景的《伤寒杂病论》被誉为什么？